OS RECORDES
MUNDIAIS MAIS

Esta edição de *Os recordes mundiais mais nojentos* é publicada
em acordo com a Guinness World Records Limited, uma empresa
da HIT Entertainment Limited

Ediouro

VÔMITO MAIS ANTIGO

No dia 12 de fevereiro de 2002, uma equipe de paleontólogos chefiada por Peter Doyle, professor da Greenwich University, RU, anunciou a descoberta de vômito fossilizado de um réptil marinho. Encontrado numa pedreira em Peterborough, o vômito de 160 milhões de anos poderia revelar os hábitos alimentares dos ictiossauros.

MÃO AMPUTADA MAIS VEZES

A mão direita de Clint Hallam, da Nova Zelândia, foi amputada três vezes. Ele perdeu a mão pela primeira vez em 1984, depois de um acidente com uma serra circular. Os cirurgiões conseguiram recolocar o membro, mas, em 1988, após uma infecção, ela foi retirada novamente. Em setembro de 1998, médicos de um hospital em Lyon, França, realizaram um transplante pioneiro em Clint. Porém, em 2 de fevereiro de 2001, ele solicitou que a mão fosse amputada outra vez, o que foi feito num hospital de Londres.

INFECÇÃO DE PELE MAIS COMUM

A *Tinea pedis*, popularmente conhecida como pé-de-atleta ou frieira, é a infecção de pele mais comum entre os seres humanos. O fungo afeta 70% da população mundial, e quase todo mundo se contaminará pelo menos uma vez na vida. A micose faz a pele entre os dedos do pé exsudar, descamar e rachar.

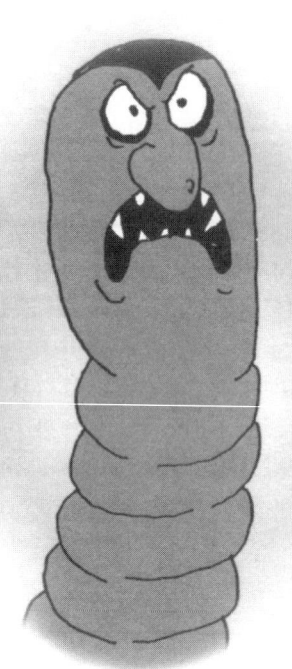

PARASITA MAIS SANGUINÁRIO

Os ovos dos vermes ancilóstomos *Ancylostoma duodenale* e *Necator americanus*, indistinguíveis, estão presentes nas fezes de 1,3 milhão de pessoas em todo o mundo. Nos casos de infestação maciça, o revestimento do intestino fica tão cheio de vermes que parece um tapete felpudo. O sangue com o qual os vermes se alimentam chega a 10 milhões de litros diários pelo mundo.

MAIOR PANÇA

David George White, ou "Mad Maurice Vanderkirkoff", de Trowbridge, Wiltshire, RU, apresentou 141,5 kg de peso e 137,5 cm de circunferência de barriga no estúdio do *Guinness World Records: Primetime*, em Los Angeles, EUA, no dia 12 de março de 2001.

MAIS AXILAS E PÉS CHEIRADOS

Madeline Albrecht era funcionária do Laboratório de Pesquisa Hill Top, em Cincinnati, Ohio, EUA, onde eram testados os produtos da Dr. Scholl. Ela trabalhou ali durante 15 anos e teve de cheirar cerca de 5.600 pés e uma quantidade indeterminada de axilas.

MAIOR PARASITA

A "tênia do peixe", ou *Diphyllobothrium latum*, que habita o intestino de peixes e, às vezes, de seres humanos, costuma ter entre 9,1 e 12,1 m, mas pode chegar a 18,3 m. Segundo estimativas, se um espécime sobrevivesse por dez anos, poderia apresentar uma cadeia de segmentos (anéis, ou proglótides) de quase 8 km de extensão, com 2 bilhões de ovos!

MAIS VERMES RETIRADOS DE UM ESTÔMAGO HUMANO

Uma mulher de Shizuoka, Japão, deu entrada na Clínica Gastrenterológica Isogaki em maio de 1990. Ela se queixava de fortes dores estomacais e náuseas provocadas por um *sashimi* (fatias de peixe cru). Os médicos encontraram 56 vermes brancos e filiformes em seu estômago, que foram removidos posteriormente numa cirurgia que demorou 90 minutos. Os vermes foram identificados como larvas de *Anisakis simplex* e mediam até 17,27 mm de comprimento.

MAIS MINHOCAS INGERIDAS EM 30 SEGUNDOS

Mark Hogg (EUA) engoliu um total de 94 minhocas em 30 segundos no estúdio do *Regis Philbin Show* (KGTV-TV, EUA), em outubro de 2000.

PÊLO DE ORELHA MAIS LONGO

Os pêlos da orelha nascem no conduto auditivo externo; os de Radhakant Bajpai (Índia), que se projetam para fora da orelha, chegam a medir 13,2 cm de comprimento.

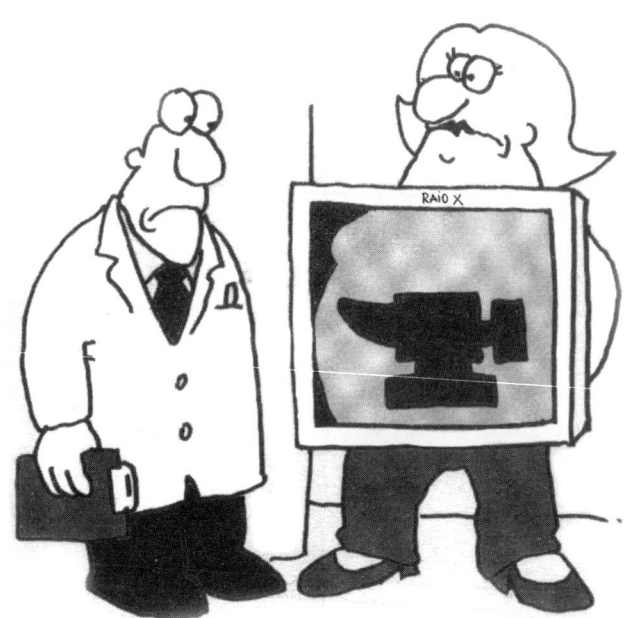

OBJETO MAIS PESADO JÁ INGERIDO

Uma bola de pêlos com 2,53 kg engolida por uma mulher de 20 anos foi o objeto mais pesado já extraído de um estômago humano, no South Devon and East Cornwall Hospital, RU, em 30 de março de 1895.

MAIOR OBJETO EXTRAÍDO DE UM CRÂNIO HUMANO

Uma faca serrilhada de 20 cm que entrou na cabeça de Michael Hill (EUA), de 41 anos, em 25 de abril de 1998, foi o maior objeto removido de um crânio humano.

ARROTO MAIS ALTO

Paul Hunn (RU) registrou um arroto de 104,9 dBA no escritório do Guinness World Records, em Londres, RU, em 20 de julho de 2004 – um som mais alto do que o de um bate-estacas a 30 m de distância. O arroto foi medido a 2,5 m de distância e 1 m de altura, com um sonômetro de precisão 1, calibrado e certificado.

GLOBO OCULAR MAIS SALTADO

Kim Goodman, de Chicago, Illinois, EUA, pode projetar os globos oculares a 11 mm da cavidade ocular. Seus olhos foram medidos no estúdio do programa de televisão *Guinness World Records: Primetime*, em 13 de junho de 1998.

GRILO CUSPIDO MAIS LONGE

Danny Capps, de Madison, Wisconsin, EUA, cuspiu um grilo morto a uma distância de 9,17 m no estúdio do *Guinness World Records: Primetime*, em Los Angeles, Califórnia, EUA, em 26 de junho de 1998.

MAIS RATOS SERVIDOS EM UM RESTAURANTE

O Restaurante Jailu, em Cantão, China, serve aos clientes aproximadamente 9.300 ratos por ano. O autoproclamado rei do rato e *restauranteur* Quang Li-Do pega e come ratos há 30 anos.

MAIS PIERCINGS DE AGULHAS CIRÚRGICAS

Brent Moffat (Canadá) espetou no próprio corpo 700 agulhas cirúrgicas de 1,2 cm cada, em 7h19min, no Metamorphosis Custom Piercing and Tattoo, em Winnipeg, Manitoba, Canadá, no dia 15 de janeiro de 2003.

UNHAS MAIS LONGAS EM UMA SÓ MÃO

Em 4 de fevereiro de 2004, o comprimento conjunto das cinco unhas da mão esquerda de Shridhar Chillal (Índia) era 7,05 m. A unha do polegar tinha 1,58 m; a do indicador, 1,31 m; a do dedo médio, 1,38 m; a do anular, 1,40 m; e a do mínimo, 1,38 m. Chillal cortou as unhas pela última vez em 1952.

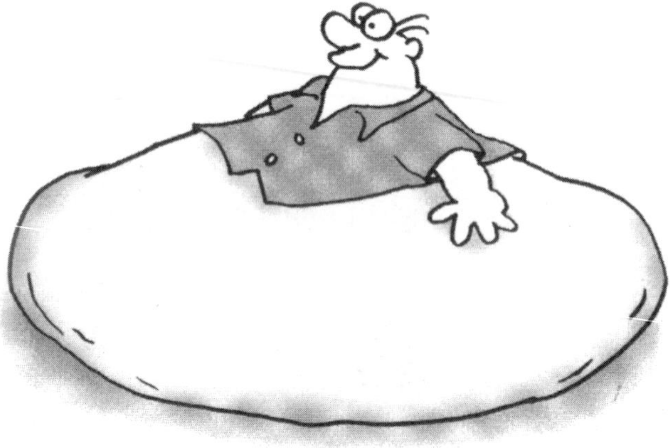

MAIOR CINTURA

O recorde de maior cintura pertence a Walter Hudson (EUA). Ela media 3,02 m quando ele atingiu o peso máximo, 545 kg.

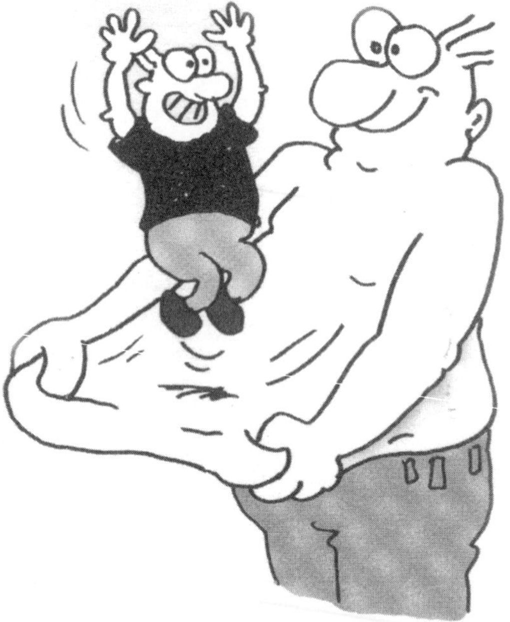

PELE MAIS ELÁSTICA

Garry Turner, de Caistor, Lincolnshire, RU, esticou a pele da barriga 15,8 cm no estúdio do *Guinness World Records: Primetime*, em Los Angeles, Califórnia, EUA, no dia 29 de outubro de 1999.

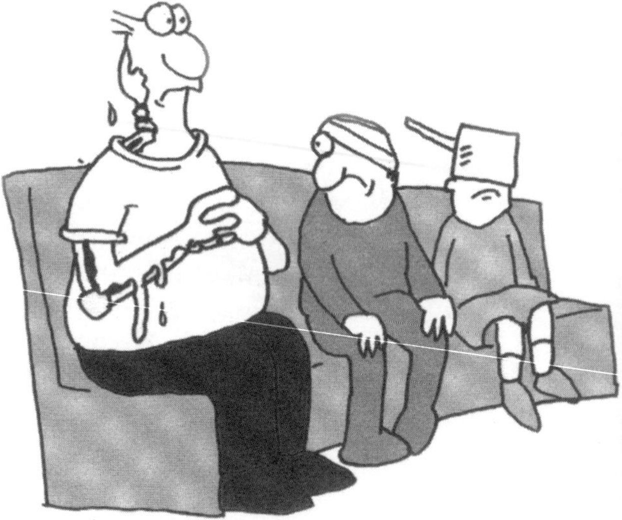

PIOR DOENÇA QUE DETERIORA A CARNE

Batizada de "doença devoradora de carne" pela imprensa, em 1994, a rara fascite necrosante existe desde a Primeira Guerra Mundial. O ardiloso estreptococo causador da doença ataca primeiro a camada de tecido logo abaixo da pele, gangrenando-o. A única cura possível é a remoção da área infectada.

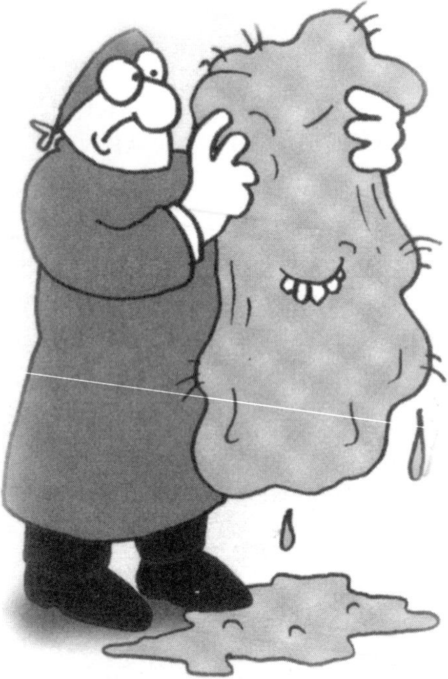

MAIOR TUMOR EXTRAÍDO INTACTO

Uma massa multicística de 137,6 kg foi extraída, intacta, de um ovário direito. A operação, que demorou mais de seis horas, foi realizada pela professora Katherine O'Hanlan, do Centro Médico da Stanford University, Califórnia, EUA, em 1991. Testes posteriores revelaram que o tumor, benigno, era constituído em sua maior parte de líquido, embora dentes e pêlos tenham sido encontrados crescendo em seu interior.

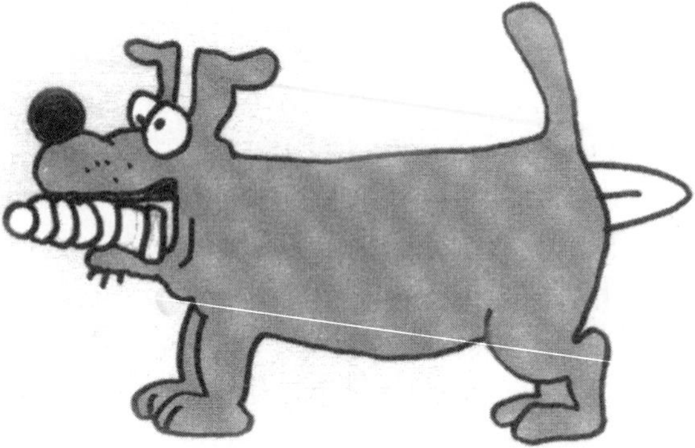

OBJETO MAIS LONGO ENGOLIDO POR UM CÃO

Kyle, um *collie/Staffordshire bull terrier* de 45,7 cm de comprimento, engoliu uma faca de pão de 38,1 cm em dezembro de 2000. A faca ficou presa em seu estômago, apontando para a garganta.

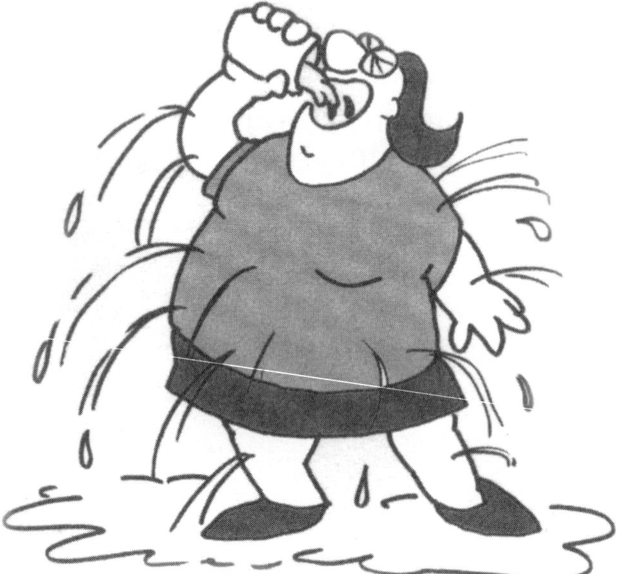

MULHER COM MAIS PIERCINGS

Em janeiro de 1997, Elaine Davidson, de Edimburgo, RU, fez seu primeiro *piercing*. Em outubro de 2004 ela já havia chegado ao recorde de 2.520 *piercings* em todo o corpo.

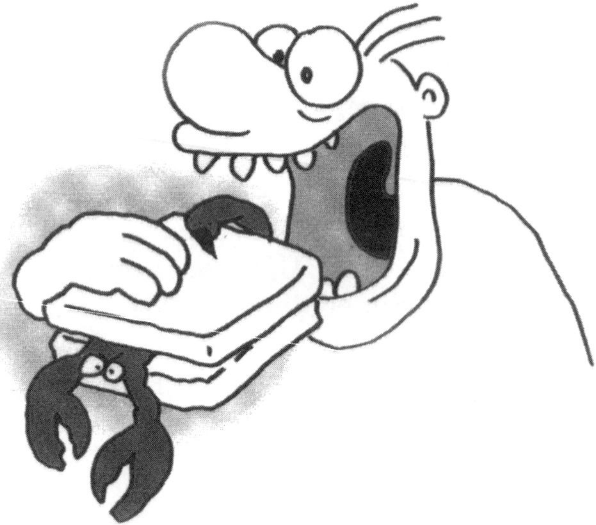

MAIS ESCORPIÕES INGERIDOS

A maior quantidade de escorpiões vivos ingeridos por um ser humano ao longo da vida é aproximadamente 35 mil. O realizador da façanha é o agricultor Rene Alvarenga, ou "El comealacranes" (o comedor de escorpiões), de Intipuca, El Salvador. Ele pega entre 20 e 30 escorpiões por dia, com as mãos nuas, e os engole vivos.

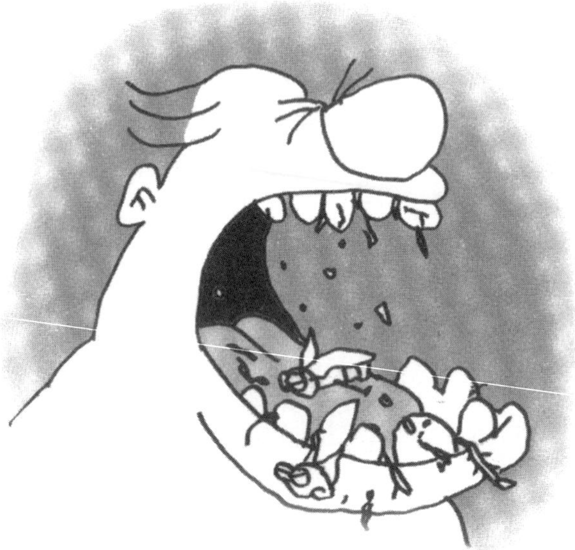

MAIS BARATAS INGERIDAS EM 1 MINUTO

Ken Edwards, de Glossop, Derbyshire, RU, comeu 36 baratas em 1 minuto no estúdio do *Big Breakfast* (Canal 4, RU), em Londres, RU, em 5 de março de 2001.

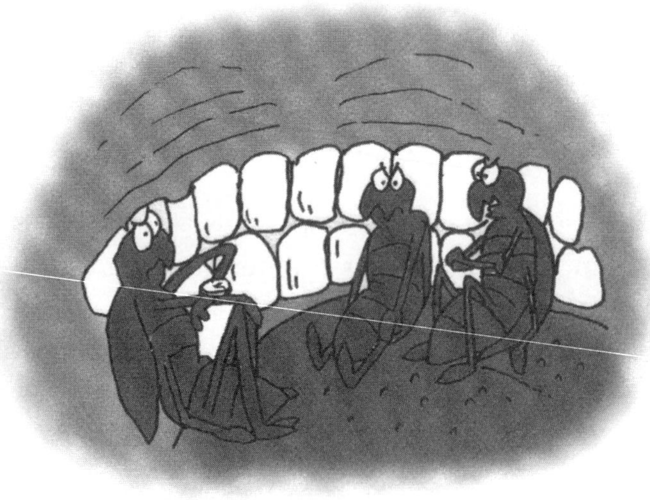

MAIS BARATAS VIVAS NA BOCA

No dia 5 de dezembro de 2001, John "Selva" LaMedica, de Newark, Delaware, EUA, manteve seis baratas-gigantes-de-madagascar na boca durante 10 s, no estúdio de *Ricki Lake*, Nova York, EUA.

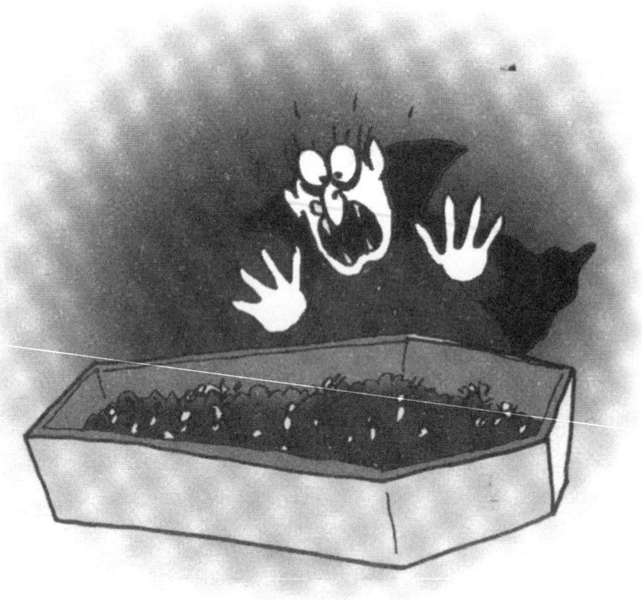

MAIS BARATAS NUM CAIXÃO

Em 12 de agosto de 1999, no estúdio do *Guinness World Records: Primetime*, em Hollywood, Califórnia, EUA, John LaMedica, de Newark, Delaware, EUA, foi colocado num caixão de plexiglas. A seguir, despejaram 20.050 baratas-gigantes-de-madagascar sobre ele.

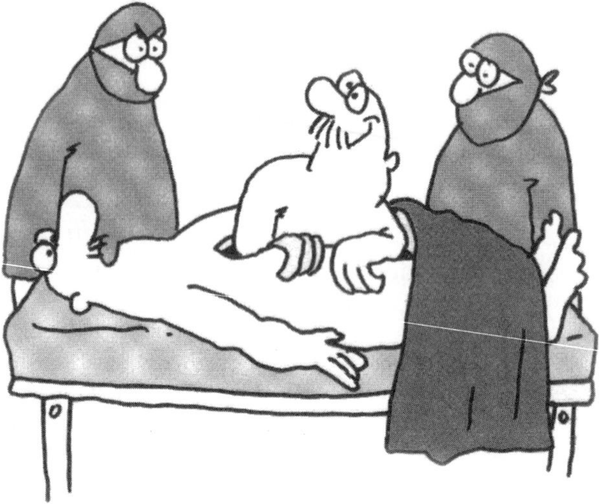

MAIS VELHO IRMÃO GÊMEO NÃO DESCOBERTO

Em julho de 1997, encontrou-se um feto no abdome de Hisham Ragab (Egito), de 16 anos, que vinha se queixando de dores no estômago. Descobriu-se que o saco intumescido que lhe pressionava os rins era na verdade seu irmão gêmeo idêntico, com 18 cm e 2 kg. O feto, que crescera dentro dele, tinha vivido 32 ou 33 semanas.

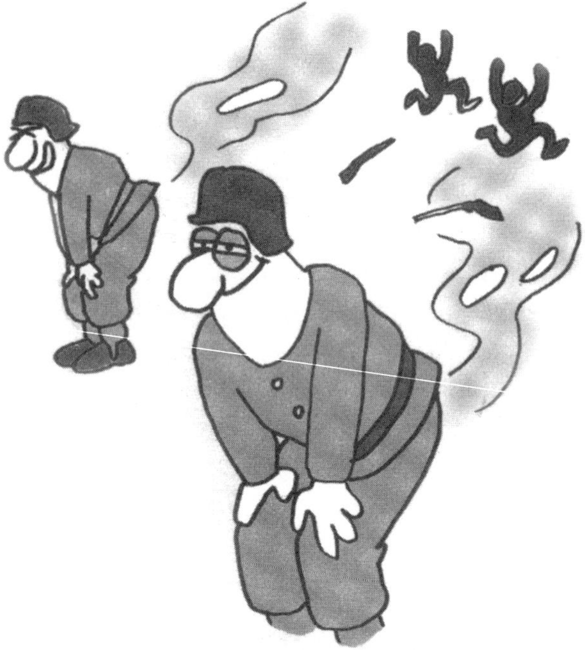

SUBSTÂNCIA MAIS MALCHEIROSA

O Não-Fui-Eu e o Fedor de Banheiro Padrão do Governo Americano são reconhecidos como as duas substâncias mais malcheirosas do mundo. Atualmente, o governo americano investiga aplicações militares para elas. Acredita-se que possam ser utilizadas como bombas gigantes de fedor para dispersar manifestantes ou separar facções em guerra.

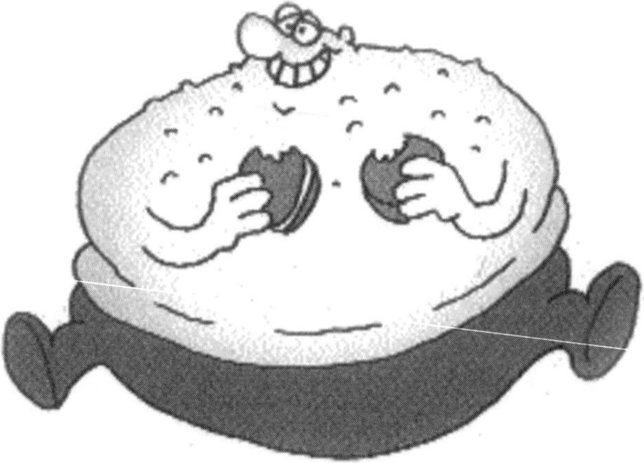

MAIS BIG MACS CONSUMIDOS

Em 27 de março de 2005, Donald Gorske (EUA) bateu o próprio recorde de ingestão de Big Macs, o sanduíche mais famoso do McDonald's, com 20.500 sanduíches consumidos. Sua aventura começou em 1972, quando devorava nove Big Macs por dia. Gorske se apressa em dizer que come Big Macs porque os adora. "Uma das minhas atividades favoritas é comer Big Macs todos os dias depois do trabalho", afirma. "E hoje eu peso tanto quanto há 33 anos."

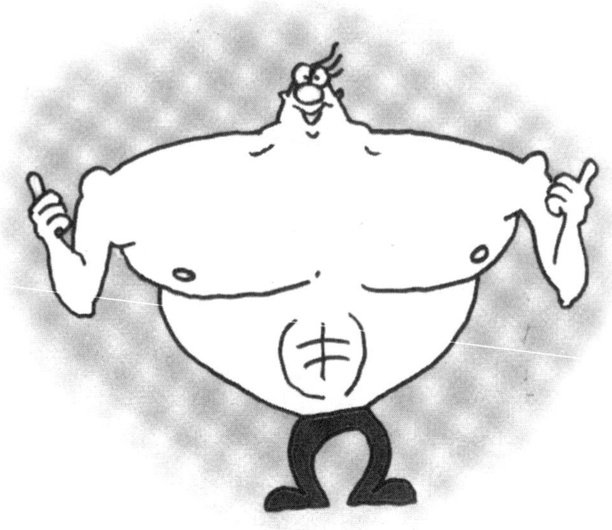

MAIOR MEDIDA DE TÓRAX

O peito do artista de circo Robert Earl Hughes (EUA) media 3,15 m. Quando morreu, em 1958, ele estava com impressionantes 484 kg e foi enterrado num caixão do tamanho de um piano.

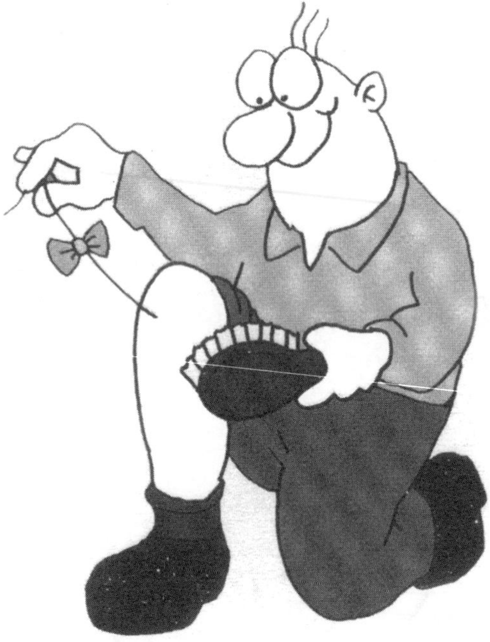

PÊLO DE PERNA MAIS COMPRIDO

Um pêlo que nasceu na coxa esquerda de Tim Stinton (Austrália) alcançou o comprimento recorde de 12,4 cm. Ele foi medido em 2 de fevereiro de 2005, em Box Hill South, Victoria, Austrália.

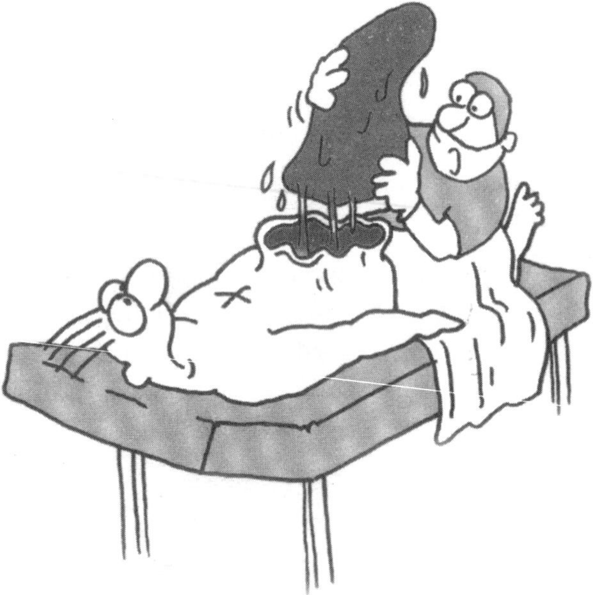

MAIOR APÊNDICE REMOVIDO

Um apêndice extraído de Spencer Bayles (RU) em 2 de novembro de 2002, no Lister Hospital, Stevenage, Hertfordshire, RU, media 21 cm de comprimento.

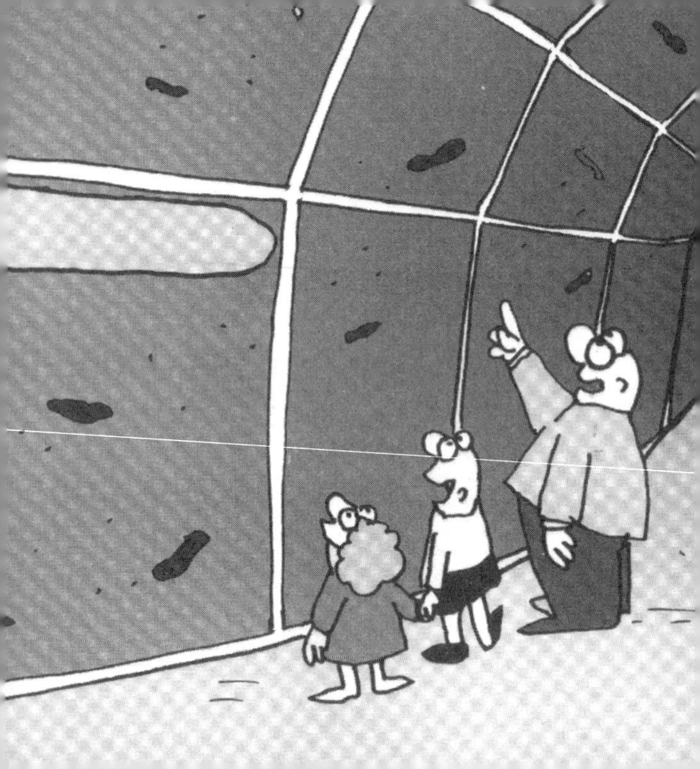

MAIOR ESTAÇÃO DE TRATAMENTO DE ESGOTO

A Usina Stickney de Recuperação de Água (ex-Estação de Tratamento de Esgoto Oeste-Sudoeste), em Stickney, Illinois, EUA, começou a funcionar em 1939, numa área de 231 ha no subúrbio de Chicago, Illinois, EUA. Com capacidade projetada para 5,44 bilhões de litros por dia, ela tratou uma média de 3,03 bilhões de litros de água diariamente em 1995.

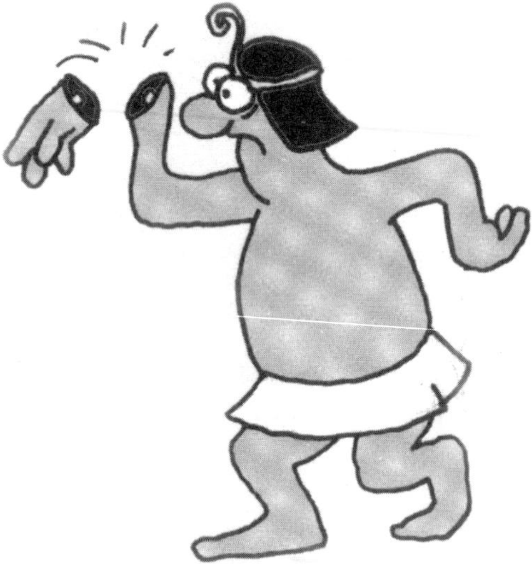

DOENÇA MAIS ANTIGA

Há descrições de casos de lepra no antigo Egito em 1350 a.C. A *Tuberculosis schistosomiasi*, uma doença infecciosa dos pulmões, também já foi detectada em múmias egípcias da vigésima dinastia (1250 a 1000 a.C.). A peste bubônica e o cólera também são citadas no Velho Testamento.

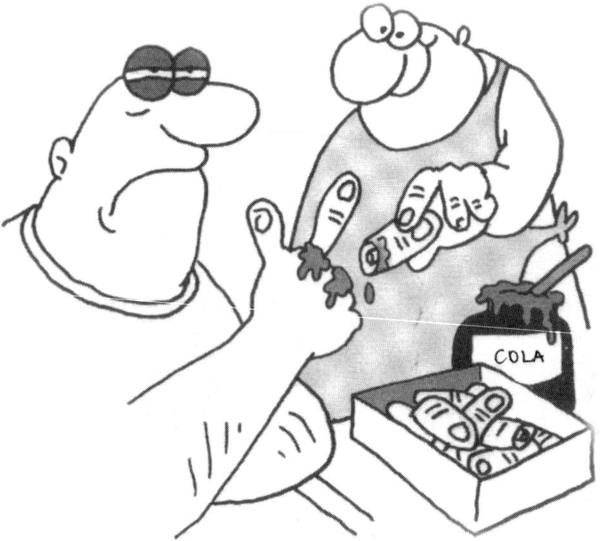
COLA

MAIS LEPROSOS CURADOS

Nos quinze anos transcorridos entre 1983 e 1998, quase 10 milhões de pessoas foram curadas da lepra, ou hanseníase – parte de um esforço conjunto para eliminar a doença até o ano 2000.

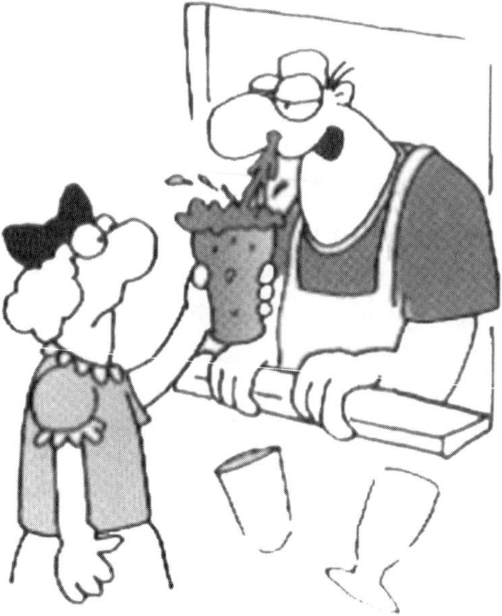

MAIS MILKSHAKE SERVIDO PELO NARIZ

Gary Bashaw Jr., de Barr, Virgínia Ocidental, EUA, misturou leite e chocolate em pó na boca e despejou 54 ml da mistura pelo nariz, no estúdio do *Guinness World Records: Primetime*, Los Angeles, Califórnia, EUA, em agosto de 1999.

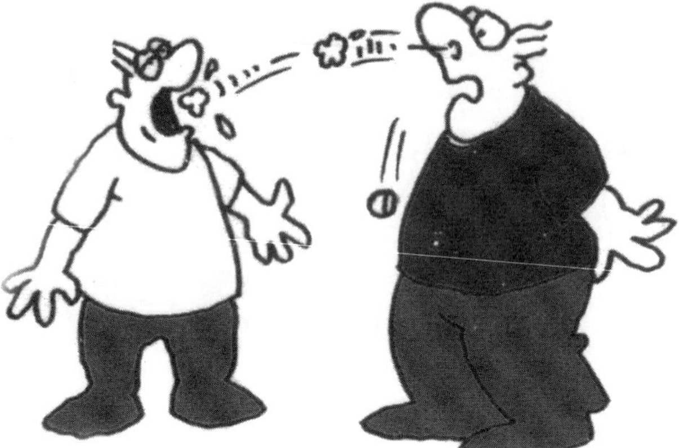

MARSHMALLOW ARREMESSADO MAIS LONGE PELO NARIZ

Em 13 de agosto de 1999, no programa *Guinness World Records: Primetime*, Los Angeles, Califórnia, EUA, Scott Jeckel, de Delavan, Illinois, EUA, arremessou um *marshmallow* por uma das narinas. O doce foi parar a 4,96 m de distância, na boca de Ray Perisin, de Peoria, Illinois, EUA.

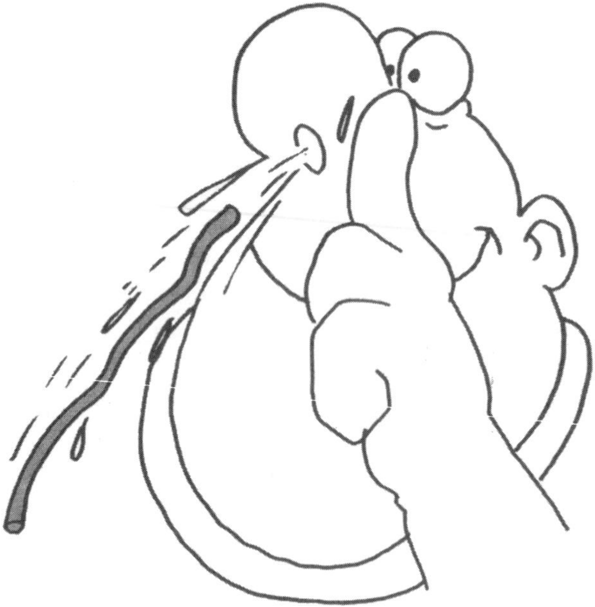

LANÇAMENTO NASAL DE ESPAGUETE À MAIOR DISTÂNCIA

Kevin Cole, de Carlsbad, Novo México, EUA, conseguiu ejetar por uma das narinas um fio de espaguete a 19 cm, a maior distância já registrada. O feito foi realizado no dia 16 de dezembro de 1998, no estúdio do *Guinness World Records: Primetime*, Los Angeles, Califórnia, EUA.

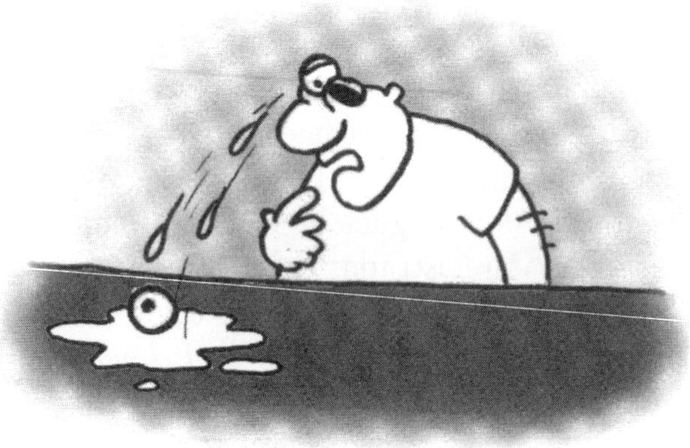

LEITE ESGUICHADO DO OLHO À MAIOR DISTÂNCIA

Ilker Yilmaz (Turquia) esguichou leite do olho a uma distância de 2,795 m, no Hotel Armada, Istambul, Turquia, em 1º de setembro de 2004.

CAIXA AUTOMÁTICO

MAIS MOEDAS
REGURGITADAS A PEDIDOS

Stevie Starr (RU) engoliu 11 moedas de
100 pesetas (espanholas), todas cunhadas
em anos diferentes, e as regurgitou segundo
o pedido de 11 integrantes da platéia
do *El Show de los Récords*, em Madri,
Espanha, em 5 de dezembro de 2001.

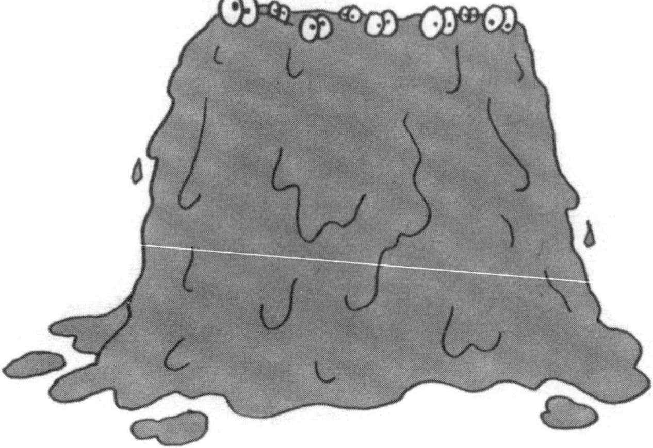

MAIS PESSOAS SIMULTANEAMENTE COBERTAS DE LODO

Em 12 de março de 1999, 731 pessoas foram simultaneamente cobertas de lodo quando dois tanques suspensos contendo 1.669 litros de lodo amarelo-vivo foram despejados sobre elas, em Birmingham, RU. As vítimas do lodo haviam se reunido para levantar dinheiro para o Comic Relief.

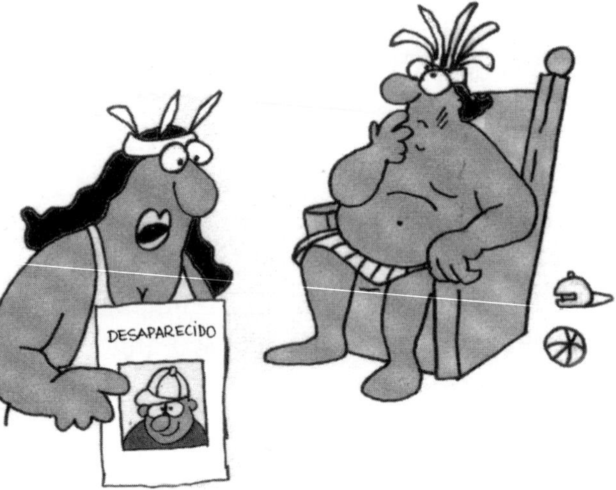
DESAPARECIDO

CANIBAL MAIS PROLÍFICO

Segundo consta, durante o século XIX, Ratu Udre Udre, o mais ávido canibal, comeu entre 872 e 999 pessoas. O chefe fijiano guardava uma pedra para registrar cada corpo ingerido, e elas foram colocadas junto de seu túmulo, em Rakiraki, no norte de Viti Levu, nas ilhas Fiji.

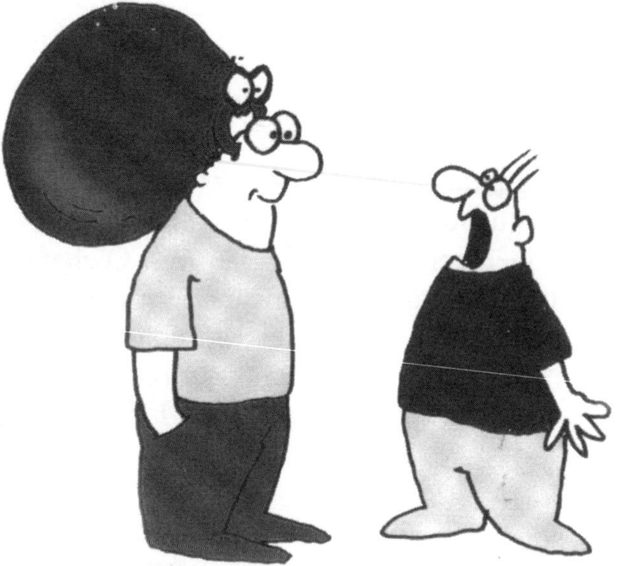

MAIOR CARRAPATO

Os carrapatos, membros da família dos ixodídeos, são parasitas sugadores de sangue, têm oito pernas e podem se expandir até alcançar 30 mm – o tamanho de uma noz grande – para acomodar o volume de sangue necessário à sua sobrevivência.

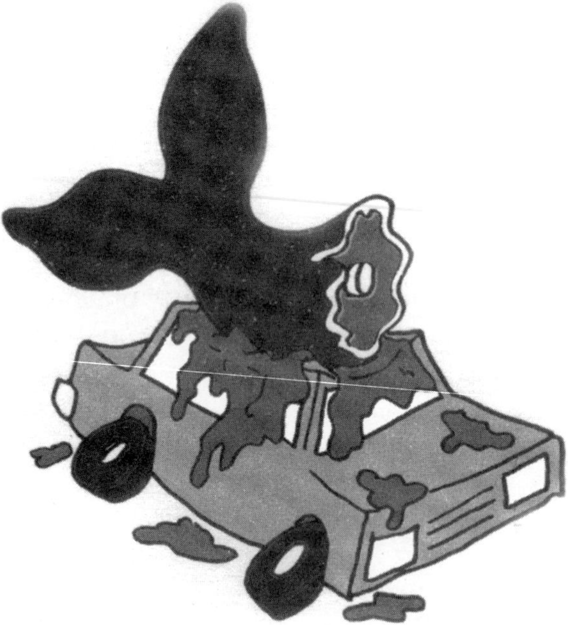

MAIOR MAMÍFERO DETONADO

O maior mamífero já detonado foi um cachalote de 13,7 m, cuja carcaça estava encalhada no sul de Florence, Oregon, EUA. Em 12 de novembro de 1970, a Divisão Estadual de Rodovias do Oregon colocou meia tonelada de dinamite em torno da baleia falecida, malcheirosa, e explodiu-a. Os espectadores foram atingidos por pedaços de gordura. Um desses espaços esmagou o teto de um automóvel Buick a 400 m de distância.

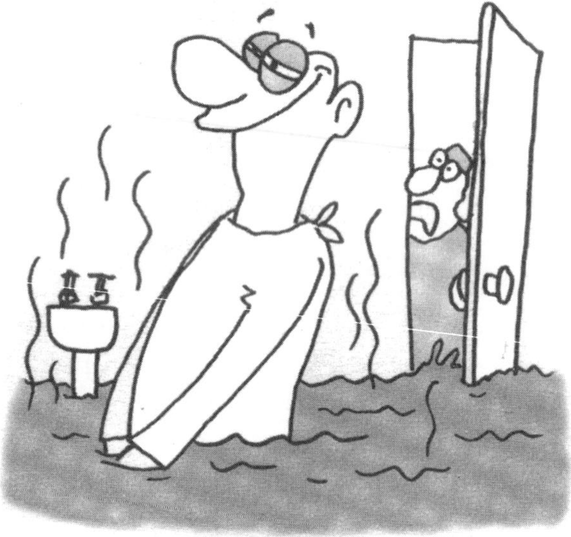

RECORDE DE FLUIDO EXTRAÍDO APÓS HIDRONEFROSE

Em 16 de junho de 1999, no Bugshan Hospital, em Jeddah, Arábia Saudita, foram removidos 22 litros de urina do rim de um egípcio de 25 anos, portador de hidronefrose – uma dilatação do rim causada pelo bloqueio do fluxo de urina. A capacidade normal de um rim é de 3 a 5 ml. O rim foi finalmente extraído em 6 de julho de 1999; media 50 x 40 x 25 cm e pesava 700 g.

Descubra fatos ainda mais incríveis na edição 2006 do
Guinness World Records! Nas melhores livrarias.

Centenas de novos recordes!

Fotos incríveis!

www.guinnessworldrecords.com/br

©2005 Guinness World Records, a HIT Entertainment Ltd company
Ilustrações: Guy Harvey
Projeto gráfico: Jon Richards, Ed Simkins
Equipe do *Guinness World Records*: Claire Folkard, Craig Glenday,
Kim Lacey, Christian Marais

Edição brasileira: Diego Rodrigues – Estúdio Sabiá
Tradução: Ibraíma Dafonte
Capa: Estação Design Gráfico
Diagramação: Crayon Editorial

Nota: a abreviatura RU significa Reino Unido

As ilustrações deste livro não pretendem representar nenhuma
pessoa real, viva ou morta.

Ediouro Publicações S.A.
Rua Nova Jerusalém, 345 – Bonsucesso
Rio de Janeiro – RJ – CEP 21042-230
Tel.: (0xx21) 3882-8200 – Fax: (0xx21) 3882-8313
livros@ediouro.com.br – www.ediouro.com.br